Ana Stasia

Pour me comprendre

Dans la peau d'une jeune fille atteinte de troubles du comportement alimentaire

Edilivre

À ma famille, à mes amis, à ceux que j'aime
et que la maladie m'a fait perdre.

Comme vous aurez pu le comprendre, je suis atteinte de troubles du comportement alimentaire, plus communément appelés TCA.

Aujourd'hui j'écris ce livre pour toutes les personnes qui ont eu du mal à me comprendre, à ceux qui n'ont pas compris mes réactions et mes actes, causés par la maladie.

J'écris aussi aux personnes atteintes du même trouble, afin qu'elles puissent se retrouver dans ce livre, en s'identifiant à Ana, et ainsi se sentir moins seules, et bénéficier de mes conseils.

Enfin, je dédie ce livre aux familles ou amis dont un proche est atteint de TCA.

Pour mieux nous comprendre.

Introduction

Un vendredi d'automne, alors qu'Isabelle regardait tranquillement la télévision, elle sent quelque chose d'anormal à l'intérieur de son ventre, une sensation qu'elle ne peut expliquer. Une douleur intense et désagréable qui annonce cependant une bonne nouvelle : Isabelle va à présent devenir mère d'un deuxième enfant. Elle se rend alors à l'hôpital, attendant impatiemment que son mari arrive. Quelque temps après l'arrivée de ce dernier, une petite tête toute chevelue décide de sortir du ventre de sa maman. C'est une fille !

Ce bébé qui, comme tout être vivant sur terre, n'a pas choisi de naître, mais qui va devoir vivre toute une vie, avec les aléas qu'elle comprend, et être capable de les surmonter, c'est moi ; Anastasia, mais… appelez-moi Ana.

Pourquoi Ana Stasia ?

Ana est un prénom qui a une double signification à mes yeux. Premièrement, Ana vient de l'hébreu « Hannah », qui signifie « grâce » ou « gracieuse ». J'affectionne tout particulièrement ce prénom, qui me rappelle mes origines juives, dont je suis fière. Cependant, Ana a pris une tout autre signification quand je suis tombée malade. Ana désigne l'anorexie dont j'ai été atteinte. Aujourd'hui, étant en rémission, je porte ce prénom, non comme un fardeau qui me rappellerait une sombre période de ma vie, mais au contraire avec la fierté de me battre chaque jour contre cette maladie, tout en me rappelant mon passé, que je ne souhaiterais modifier pour rien au monde. J'ai appris de mes fragilités, compris de mes rechutes, grandi et mûri grâce à cette maladie.

En ce qui concerne le nom Stasia, il représente une forme avec aphérèse d'Anastasia, dérivé d'Anastase, qui est un nom de baptême d'origine grecque. Celui-ci me rappelle chaque jour mes origines grecques, que mon grand-père m'a transmises. D'autre part, Stasia signifie résurrection. Ce terme, désignant le fait de revenir à la vie après la mort, me parle tout particulièrement. En effet, après avoir traversé une longue période douloureuse teintée d'envies suicidaires, je veux aujourd'hui vivre pleinement. J'attends avec impatience tous les trésors que la vie me réserve. En ayant failli perdre la vie à multiples reprises, je peux de ce fait d'autant plus apprécier chaque instant de mon existence. La vie est précieuse, elle est parfois dure et insoutenable, mais chaque obstacle n'est pas insurmontable. Car s'il y a un problème, celui-ci est toujours accompagné d'une solution. Comme le dit si justement Boris Vian : « Une solution qui vous démolit vaut mieux que n'importe quelle incertitude. » La vie est une énigme, libre à vous de la comprendre à votre manière, en lui donnant le sens que vous souhaitez.

N'oubliez jamais que la vie est belle et qu'elle vaut amplement le coup d'être vécue. Il n'y a encore pas si longtemps, je pensais tout autrement ; c'est le récit que je souhaite vous offrir.

Février 2017

Déjà deux ans que je suis malade. Je n'en suis pas encore consciente. Plus les années passent, plus je me sens seule, extrêmement seule et incomprise, notamment par ma famille. Mais je ne peux en aucun cas leur en vouloir, car je ne leur parle pas de mes problèmes, par souci de les préserver ; ils ne peuvent donc pas deviner que je ne vais pas bien. En effet, je ne montre à personne la tristesse que j'éprouve chaque jour davantage. Je me sens déprimée. Pourtant, je suis bien entourée ; j'ai de nombreuses amies et une famille aimante. Au lycée, tout se passe à merveille ; j'apprécie le fait de passer du temps avec mes amies, leur raconter ma vie et écouter attentivement leurs histoires, en discutant de leurs amours, leurs joies, leurs peines. De manière plus générale, j'aime écouter les gens, et par-dessus tout, les aider. J'ai ce besoin de me sentir utile à la société, à ma petite échelle. On me dit souvent que je suis de bon conseil. Je prône la bienveillance ainsi que l'indulgence envers soi-même. Mais quand il s'agit de moi, c'est une tout autre histoire. En effet, je ne m'apprécie pas, je suis très dure, pour ne pas dire intransigeante, avec moi-même. Je suis bien trop perfectionniste et me fixe, comme à mon habitude, des objectifs inatteignables. Ne les atteignant évidemment pas, je me dénigre sans cesse. Comme pour me punir de je ne sais quoi. À mes yeux, je suis toujours trop quelque chose, ou pas assez. Pas assez douée en danse, pas assez belle, pas suffisamment bonne à l'école, et surtout pas assez mince. J'essaie de maigrir depuis des années, en vain. À force de restreindre mon alimentation, de me priver de tout ce qui me faisait plaisir, les compulsions alimentaires sont apparues, il y a déjà deux ans, comme je le disais précédemment. Le sentiment de vide intérieur et de solitude y est aussi sûrement pour quelque chose.

Personne n'est au courant de ces pertes de contrôle. Je me sens trop honteuse pour en parler. C'est pourquoi, une fois de plus, je garde tout pour moi. Au fil du temps, ces compulsions alimentaires, qui ont débuté à l'âge de quatorze ans, se sont amplifiées et j'ai commencé à me faire vomir. Le jour où j'ai su me faire vomir a été un tournant, le début d'une longue descente aux enfers.

Par ailleurs, je suis suivie, depuis peu, par une psychologue. Je lui parle de ces crises de boulimie, que je ne parviens jusqu'alors pas à expliquer. Ma psychologue me demande donc de tenir un carnet alimentaire, afin de savoir de quelle façon je me nourris. Un jour, lors d'une de nos consultations, elle me dit : « Tu as mis un pied dans l'anorexie, il ne faudrait pas que tu mettes le deuxième. » C'est la première fois qu'on prononce le mot « anorexie » à mon sujet. Pour moi, je suis encore bien trop grosse pour être anorexique. Mais, ayant un profond mal-être, cette maladie m'attire. Je me dis que cela pourrait être la réponse à tous mes problèmes.

Me sentant seule, déprimée et ayant le sentiment de ne pas contrôler ma vie, l'anorexie devient alors LA solution. Je ne choisis pas, bien évidemment, explicitement de me réfugier dans cette maladie, c'est elle qui s'empare de moi.

Avril 2017

J'ai débuté les consultations avec une diététicienne spécialisée dans les troubles du comportement alimentaire. Elle est très gentille et de bon conseil. Cette dernière me montre comment je dois m'alimenter, comment cesser les crises de boulimie et comment mettre fin à la restriction. Je l'écoute attentivement, je prends note de toutes ces astuces, mais, *in fine*, je n'en fais qu'à ma tête. En effet, la maladie a, en très peu de temps, pris une place gigantesque en moi.

Plus les jours passent, plus l'anorexie gagne du terrain. Mon esprit est comme divisé en deux parties ; d'un côté il y a la raison, de l'autre, la maladie. Alors, qui écouter ?

Cette petite voix dans ma tête devient de plus en plus présente. Je m'efforce de lutter contre elle, et je tente de faire appel à ma raison. Mais cette voix finit par devenir omniprésente. Il m'est alors trop difficile de résister. C'est un combat intrapsychique sans fin. Je veux simplement que cette petite voix parasite me laisse tranquille, qu'elle me fiche la paix. Épuisée de me battre, je finis par lui céder. Je m'accroche alors à elle comme à une alliée, à une amie.

Août 2017

J'ai passé des vacances d'été incroyables. J'ai découvert la beauté des paysages australiens, puis les splendides couchés de soleil crétois auprès de ma famille.

À mon retour, après restriction alimentaire et vomissements incessants durant tout l'été, je suis persuadée d'avoir maigri. Malgré les efforts et sacrifices, mon poids n'a pas bougé. La balance affiche toujours les mêmes chiffres. Cela me rend dingue. Je n'arrive pas à me raisonner, ni à rationaliser ; la maladie me dicte ce qu'il faut faire. J'entame alors un régime drastique. Fini les petits-déjeuners, les desserts, les sucreries, les lipides, les féculents, et ne parlons même pas de goûters. C'est terminé. Tu dois maigrir, Ana. Tu dois perdre toute cette graisse qui envahit ton corps. (Oui, je me traitais véritablement de la sorte à l'époque, la maladie nous rend tellement durs avec nous-mêmes…)

Par ailleurs, ma psychologue me conseille de regarder un film qui traite les troubles du comportement alimentaire. Elle veut me faire réagir et me montrer jusqu'où cette maladie peut mener. Dans ce film, une des actrices est atteinte d'anorexie mentale. Au lieu de prendre conscience de la gravité des TCA, je me répète, tout au long du film : « Il faut que je lui ressemble, il faut que je lui ressemble… » L'anorexie s'est bien trop ancrée en moi. Je ne m'en rends même pas compte à ce moment-là. Je suis dans le déni le plus total. Je veux perdre du poids à tout prix. D'ici Noël, la balance doit afficher moins dix kilogrammes. Au minimum. Plus rien d'autre ne m'importe à présent.

Octobre 2017

Ma psychologue ainsi que ma diététicienne commencent à vraiment s'inquiéter. J'ai déjà perdu sept kilos depuis l'été. Elles me dirigent alors vers une clinique spécialisée dans les troubles du comportement alimentaire. Quelques jours plus tard, le rendez-vous de préadmission est fixé.

Pourquoi me parle-t-on d'hospitalisation ? Je ne me sens pas concernée. Je ne suis pas malade, c'est impossible. J'essaie simplement de maigrir. Cela commence enfin à porter ses fruits, mais ce n'est pas suffisant. En effet, ce n'est pas assez à mes yeux, je dois encore perdre du poids.

En réalité, ce n'est pas assez pour la maladie, qui en demande toujours plus. Pour elle, cela ne sera jamais suffisamment satisfaisant, mais ça, je n'en ai pas encore conscience…

Le jour J arrive. Je me rends donc, dubitative, à la clinique, accompagnée de ma mère. J'ai la boule au ventre. J'ai peur. Peur qu'on me dise que je suis encore trop grosse pour être malade et que je n'ai rien à faire ici. Effectivement, j'ai le réel sentiment qu'on a envoyé la mauvaise personne au mauvais endroit. Le lieu que je découvre est cependant charmant. Il y a un immense parc et les bâtiments sont anciens, chaleureux.

Il est 15 h 30, mon tour est venu. J'entre dans le bureau

du psychiatre, toujours angoissée. À vrai dire, il m'est difficile de parler de moi, de mon passé et de mes soucis. Ma mère m'aide par moments. Après nous avoir écoutées, le psychiatre enchaîne et, à ma grande surprise, me parle des formalités de l'hospitalisation. Je l'écoute, d'un air étonné. Il souhaite, dès lors, m'hospitaliser. Je refuse. Je ne me sens ni prête ni malade. Il me donne alors un délai d'un mois. Si, à l'issue de ce dernier, j'ai encore perdu du poids, l'hospitalisation s'imposera.

Je rentre chez moi complètement effondrée, ne sachant plus quoi penser. Grâce à cet entretien, je commence à prendre conscience de l'ampleur que « cette chose », que je ne savais nommer, cette maladie prend dans ma vie. Je suis perdue, complètement perdue. Ce rendez-vous a remis en cause toutes mes croyances et mes certitudes. Et si j'étais vraiment malade ? N'arrivant pas à digérer tout cela, je recommence à me faire du mal, à me scarifier. Je ne mérite pas mieux après tout !…

Les jours passent. Je me rends compte que ma psychologue avait raison : je suis bel et bien malade. Mais je préfère me voiler la face, car il est pour moi trop dur de l'admettre.

Ainsi, la maladie s'installe et prend de plus en plus de place dans ma vie. Mes pensées tournent uniquement autour de l'alimentation. Ce qui me fait tenir, c'est ce sentiment de superpuissance. J'ai réellement l'impression d'avoir le contrôle sur ma vie tout entière.

Je vais vite me rendre compte que ce n'était qu'illusoire…

Novembre-décembre 2017

La situation se dégrade. Je continue à perdre du poids. 10 kg d'écart entre cet été et maintenant.

Les mensonges s'enchaînent. J'invente mille et mille excuses pour expliquer mon refus de m'alimenter. Je me souviens de tous ces midis à marcher seule dans le froid, pour éviter de manger et brûler le plus de calories possible. Je disais à mes amis que je mangeais avec ma mère, et à ma maman que je déjeunais avec mes amis.

La maladie dicte ma vie. Je n'ai plus aucune emprise sur moi-même.

Je compte le nombre de calories ingérées, celui-ci doit diminuer chaque jour. Cela devient insoutenable. Je me sens prisonnière de ma propre personne, sans pouvoir faire marche arrière. Je me sens de plus en plus faible chaque jour, j'ai froid, mon corps a faim, mais ma tête l'empêche de manger.

Le 18 décembre, je me rends de nouveau à la clinique spécialisée dans les TCA. Le psychiatre est clair ; il veut m'hospitaliser. Il m'ouvre les yeux et me fait prendre conscience à quel point je n'ai plus de vie. Il n'a pas tort ; je ne veux plus voir personne, je m'isole de plus en plus. Je n'ai plus envie de quoi que ce soit, plus de projets. Ah si ! Maigrir davantage…

Ma date d'entrée est fixée : le 26 décembre. Je refuse.

« Le 5 janvier ? rétorque-t-il. Comme ça, tu pourras passer les fêtes de fin d'année en famille, même si je doute que tu en aies vraiment l'envie. »

J'hésite. J'hésite quelques secondes, je regarde ma mère, puis je décide de prendre mon courage à deux mains. Je réponds un petit « d'accord docteur » d'un air apeuré, voire effrayé. J'accepte l'hospitalisation de quatre mois. J'accepte de me faire aider.

En sortant du rendez-vous, ma mère me dit : « Pourquoi as-tu dit oui, alors qu'avant d'entrer dans son bureau ta réponse à l'hospitalisation était un NON catégorique ? » Je pense que j'ai senti que si je n'acceptais pas, j'allais sombrer. Mes parents tombent des nues. Ils ne savent plus quoi penser.

Mon père n'apprend qu'à présent que je suis atteinte de troubles du comportement alimentaire que je lui avais jusqu'alors cachés.

Ma mère ne veut pas que je la quitte pendant des mois. Elle est inquiète pour sa petite fille d'à peine seize ans et démunie. Elle essaie à tout prix d'éviter cette hospitalisation.

Quant à moi, je sens que je suis allée trop loin et que j'ai amplement besoin d'être coupée du monde pour aller mieux. Je ne suis plus apte à rester dans la vraie vie, je me laisse mourir lentement.

Le départ

Avant les fêtes, je dois annoncer cette triste nouvelle à mes amies. Je ne sais pas trop comment m'y prendre. Elles restent toutes, sans aucune exception, scotchées. Elles s'attendaient à tout sauf à cela. Pour mes amies, j'étais « une fille bien dans sa peau, heureuse et épanouie »…

Le dernier jour avant les vacances, on se retrouve toutes dans la gare, près de notre lycée. Les au revoir sont déchirants. Mes amies pleurent à chaudes larmes, me faisant des câlins, m'offrant des lettres et cadeaux, et me murmurant des mots doux et rassurants : « Ça va aller, Ana, on t'attendra le temps qu'il faudra. Mais reviens-nous vite ! » Pour ma part, je ne ressens absolument rien. Je ne comprends peut-être pas encore ce qu'il va se passer. Je me sens vide d'émotion, vide tout court. Je m'en veux de ne pas réagir. Elles pleurent et moi j'ai ce sourire collé aux lèvres, tentant à mon tour de les rassurer. J'ai envie de pleurer pourtant, mais rien ne sort. La maladie a anesthésié toutes mes émotions.

Pendant les vacances de Noël avec ma famille, j'essaie tant bien que mal de faire comme si de rien n'était. Je souffre en silence. J'ai hâte que tout cela cesse et que je puisse enfin me faire aider.

Les quelques jours avant mon départ, faire mes valises est un supplice. Je suis crispée, sur les nerfs. Bref, il ne faut pas me parler.

Le 5 janvier 2018, le grand jour arrive. Je ne me rends toujours pas compte. Ma mère, mon père et mon grand frère m'accompagnent. Dans la voiture, je suis tendue, j'ai la boule au ventre, la gorge nouée. Autant vous dire que je suis plus qu'angoissée. Je ne sais à quoi m'attendre. Que va-t-on me faire ? Vais-je grossir ? Vont-ils être cléments avec moi ? Vais-je me faire des amies ? Des dizaines de questions fusent dans ma tête sur le trajet vers la clinique.

Une fois arrivée et la paperasse terminée, une infirmière vient me chercher. C'est l'heure de dire au revoir à ma famille. Ils me prennent à tour de rôle dans leurs bras, et me donnent toute leur force. La porte en fer claque derrière l'infirmière et moi, j'ai envie de faire demi-tour, mais c'est trop tard, je me suis déjà engagée. Il va maintenant falloir que je tienne. Cela va être dur, j'appréhende énormément.

Hospitalisation
Janvier 2018-juillet 2018

Mon hospitalisation fut plus longue que prévu.

Durant ces sept longs mois, je suis partie à la recherche de moi-même.

Tout d'abord, sortir du déni fut la première étape. Accepter qu'on soit bel et bien malade, c'est le début de la guérison.

À l'aide de psychiatres, psychologues et infirmiers, j'ai pu retracer mon existence ; en partant de mon enfance, passant par les moqueries sur mon physique dont j'ai été victime dès mon plus jeune âge, le harcèlement scolaire que j'ai subi à l'âge de douze ans, jusqu'à l'absence de liens avec mon père, que je ne pouvais expliquer auparavant, et une relation trop fusionnelle à ma mère.

Grâce à cette hospitalisation, à l'échange de lettres, j'ai pu retrouver mon père, mon papa que j'aime de tout mon cœur.

Cependant, cela a été dur, éprouvant, intense. Entre scarifications, hyperactivité physique, dépression, moments de doutes, de remise en question. Mais aussi riche en émotions et révélateur sur de nombreux aspects. En effet, j'ai enfin compris, en partie, pourquoi je suis tombée malade.

En avril, j'ai le droit à une semaine de break : je pars en vacances avec ma famille.

À mon retour, je me rends compte que le monde extérieur me fait encore bien trop peur. Je me réfugie alors de nouveau dans la maladie. Je retombe dans la restriction et perds très rapidement un bon nombre de kilos. Je suis à présent maigre, pourtant je ne me suis jamais sentie aussi mal dans mon corps. Je me vois grosse, énorme. Sacrée dysmorphophobie...

Les semaines passent, je n'ai plus envie de me battre, je perds tout espoir et me détruis chaque jour davantage. À vrai dire, je n'ai plus foi en la guérison. Je pense être condamnée à rester malade toute ma vie. Alors, pourquoi continuer de vivre ? À quoi bon ?

En juin, je fais une tentative de suicide. J'ai besoin d'aide, je n'en peux plus de ce cauchemar éveillé et sans fin. Cependant, cet appel au secours me fait l'effet d'un électrochoc. Je veux à présent vivre et non plus survivre. Petit à petit, la volonté de vaincre cette fichue maladie refait surface.

Je vais mieux de jour en jour, jusqu'à ma sortie définitive de la clinique, fin juillet.

J'ai désormais repris goût à la vie. Cette hospitalisation a donc été salvatrice.

Durant ces sept mois, j'ai pu me rendre compte de la chance que j'avais. Mes amies ont toujours été là pour moi, à m'envoyer des lettres, à venir me rendre visite à la clinique dès qu'elles en avaient l'occasion, à m'appeler, à prendre de mes nouvelles, etc. Des amies en or, quoi !

Tout comme ma famille. Mes parents, mes frères, ma mamie, ma tante et mes cousines ont été d'un soutien incommensurable. Je ne les remercierai jamais assez.

J'ai également fait des rencontres inoubliables durant ce long séjour à la clinique ; ces filles resteront dans mon cœur pour toujours.

Septembre 2018

Le retour à la vraie vie est plus compliqué que je ne l'aurais imaginé.

Ayant manqué plus de la moitié de l'année scolaire, j'ai préféré redoubler.

Le retour au lycée n'est lui aussi pas facile ; je vois mes amis en terminale, et moi de nouveau en première. C'est comme si la vie avait suivi son cours pendant mon hospitalisation, et que durant tout ce temps, j'avais vécu dans un monde parallèle. En effet, durant mon absence, beaucoup de choses ont changé.

Par ailleurs, ces sept mois m'ont fait énormément mûrir et m'ont appris à relativiser. Je ressens très vite un décalage entre mes amis et moi.

Je retombe rapidement dans les travers de la boulimie et développe une peur d'aller à l'école.

Vers mi-septembre, je me fais de nouveau hospitaliser pour faire, à terme, de l'hôpital de nuit. C'est un coup de massue pour ma famille.

À partir de ce moment-là, un être très cher à mes yeux a cessé de m'adresser la parole. Et ce, jusqu'à ce jour. J'espère du fond du cœur qu'en lisant ce livre, il me comprendra et me reviendra, car cette situation me fait énormément souffrir. Tu me manques, Valentin, j'ai besoin de toi. Tu es indispensable à ma vie. Sache que je suis fière du grand garçon que tu es devenu.

L'hôpital de nuit sous-entend des règles et un rythme que j'ai trouvé dur à maintenir. Ce que mes amies n'ont pas mesuré, je pense. Passer la journée au lycée, faire comme si de rien n'était, essayer tant bien que mal de rester souriante et rentrer le soir à la clinique, dans une ambiance parfois morose, observer ces filles se détruire à petit feu et devoir, malgré tout, tenir le coup, c'est dur. Vraiment dur.

Octobre 2018

Malgré le cadre de l'hôpital de nuit, je continue à faire des crises de boulimie. Maintenant, je fais non seulement des crises en rentrant chez moi le week-end, mais aussi sur le trajet lycée-clinique et vice versa. C'est insoutenable.

Un matin, sur un coup de tête, je décide de quitter la clinique. J'en ai marre, je veux rentrer chez moi.

Le lendemain, une dispute entre mes meilleures amies et moi éclate. Mon groupe trouve à l'unanimité que j'ai changé, que je parle trop, que j'occupe tout l'espace. En apprenant la nouvelle, je fonds en larmes, je hurle de douleur. Je pleure toutes les larmes de mon corps, blottie contre ma mère, dans ma chambre. Je suis inconsolable.

La maladie aura vraiment tout détruit sur son passage. Si je suis trop bavarde, c'est pour camoufler mon profond mal-être intérieur. Certes, je suis sûrement devenue quelque peu égocentrique, mais ce n'est pas moi au fond, mais la maladie qui m'a rendue comme cela.

À partir de ce jour, mes amies et moi nous sommes beaucoup éloignées. Ce qui m'a très longtemps fait souffrir. Elles me manquent, elles aussi.

Je tombe alors dans la boulimie profonde. J'utilise le terme « profonde », car mes journées sont orchestrées par ces crises. Je finis par ne même plus avoir la force d'aller me faire vomir. Mon esprit est obnubilé par la nourriture. Je prends 15 kg en l'espace de deux mois seulement, ce que je vis extrêmement mal.

Je n'arrive plus à aller en cours. Je ne veux plus sortir de chez moi. J'ai trop honte de mon corps, qui s'est transformé avant même que j'en prenne conscience. Je ne me reconnais plus. Mes joues sont toutes bouffies à cause de ces vomissements incessants. Les vaisseaux de mes yeux éclatent.

Ma famille ne comprend pas, ma mère ne sait plus quoi faire. La réponse est : rien. Elle ne peut rien faire pour m'aider. Elle se sent désemparée, démunie face à sa fille, de maintenant dix-sept ans, qui se détruit un peu plus chaque jour.

Décembre 2018

Je me lamente sur mon sort. Mon petit corps maigre me manque. Je veux retrouver le contrôle que j'avais lors de mes phases d'anorexie. La boulimie est la pire chose qui me soit tombée dessus. Je tente de faire marche arrière, en vain. Je sais pourtant pertinemment que perdre du poids ne me rendra sûrement pas plus heureuse, car ce n'est pas le fond du problème. Mais la maladie est toujours bien ancrée en moi et c'est ce qu'elle essaie de me faire croire.

Je me sens seule et vide. En rentrant du lycée, je ne trouve rien de mieux à faire que de me jeter sur la nourriture. J'engloutis des quantités astronomiques de nourriture, jusqu'à en avoir mal au ventre et peiner à respirer et me déplacer. Tout ça pour me faire vomir par la suite… Quel gâchis ! Je me dégoûte. Je n'ai le contrôle d'absolument plus rien. Cela me déprime. C'est un cercle vicieux dont je ne trouve pas l'issue.

Et puis il y a ces questions qui tournent en boucle dans ma tête sans que je puisse leur attribuer de réponses : Pourquoi n'ai-je pas confiance en moi ? Pourquoi ai-je une telle mésestime de moi-même ? Je n'en sais rien. Je ne le saurai peut-être jamais.

Le 24 décembre, le jour de Noël ; ce fameux jour où tout le monde est censé être heureux, je reste sous ma couette. Je ne veux voir personne. Je me dis qu'ils vont tous penser :

« Ah ! Elle a bien grossi... » Bref, je reste seule chez moi, à pleurer.

Je veux mourir. Je n'en peux plus. Je suis épuisée de ce semblant de vie. À vrai dire, je ne vis plus, je survis.

Je n'ai plus envie de me battre. C'est trop dur. Je n'en suis pas capable.

Janvier 2019-juin 2019

En janvier, comme prévu, mon père part travailler à l'autre bout de l'Europe. Je le vis très mal au début, m'étant beaucoup rapprochée de lui dans les mois qui ont précédé. Mais au fil du temps, je m'y fais.

Peu après, je tombe amoureuse. Cependant, mon moral est au plus bas, ce qui entraîne une troisième hospitalisation, toujours dans cette même clinique. Je me sens bien là-bas. Je me sens protégée, écoutée, entourée. Seulement, je décide de me laisser couler avec un seul objectif en tête : maigrir. Je perds près de dix kilogrammes lors de cette hospitalisation.

Malgré cette perte de poids, je me déteste toujours autant, ce qui prouve bien que, dans cette maladie, le poids n'est pas le fond du problème.

Par ailleurs, je ne supporte plus le monde extérieur, affronter la vie me fait si peur. C'est d'ailleurs l'une des causes de ma maladie. Si j'ai peur de grandir, c'est parce que le fait de savoir qu'à l'avenir je vais devoir affronter le monde extérieur toute seule m'effraie.

Un soir de février, alors que je rentre à la clinique, j'avale tout un tas de médicaments. Je finis aux urgences. Ma mère passe toute la nuit à mes côtés. Sans ces perfusions, l'aide et le soutien de ma mère, je pense que je serais morte.

Les mois passent, la boulimie reste toujours bien ancrée en moi.

Au printemps, je me rends compte de la relation toxique que j'entretiens avec mon copain, je décide alors de le quitter, ce qui me fait chuter davantage.

[...]

L'été arrive, j'ai hâte de partir en vacances. Je suis encore bien loin d'imaginer qu'un voyage à l'autre bout du monde va changer ma vie.

Juillet 2019

Mi-juillet, je pars *by myself* au Canada, à Vancouver. Je suis hébergée dans une famille d'accueil. Je me fais très vite des amis. On visite, on découvre la ville, des paysages à couper le souffle, on s'amuse, on perfectionne notre anglais, on fait des barbecues sur la plage, etc. Je reprends très vite goût à la vie. Le moral est à son apogée. Je me lève chaque matin heureuse d'être encore de ce monde. Je me rappelle alors un poème de Jacques Prévert, il avait raison ; « Le bonheur, en partant, m'a dit qu'il reviendrait. » Le bonheur est revenu si soudainement, instantanément presque ! J'ai du mal à y croire, mais c'est pourtant bien réel. Cela faisait si longtemps que je n'avais pas ressenti un tel bien-être intérieur ! Je profite de chaque instant. Par moments, j'oublie presque que je suis malade. Plus aucun symptôme de la maladie. Seules quelques pensées autour de l'alimentation et de mon image corporelle subsistent. C'est tout ? Je crois être dans un rêve. À vrai dire, je ne me sens plus malade. J'ai l'impression que toutes mes peines sont bien loin de moi à présent. Je me rends alors compte que le chemin parcouru depuis ma prise de conscience de ma maladie en valait la peine ; mes efforts ont payé.

Je me sens tellement bien, je suis enfin heureuse et épanouie. Aller mieux est donc véritablement possible ! Moi qui ne croyais plus en la guérison depuis si longtemps !

Il faut dire que ce voyage y est pour quelque chose. Voyager, c'est ce qui m'anime, ce qui me fait vivre.

Voyager, c'est non seulement partir à la découverte d'un pays, mais c'est aussi bien plus encore ; c'est partir à la découverte de soi-même. En effet, voyager seul, c'est apprendre à mieux se connaître et peut-être même gagner confiance en soi. C'est aussi, prendre du recul sur sa propre vie. C'est encore lier des amitiés fortes, avec des personnes que vous n'oublierez jamais, des visages qui resteront à vie gravés dans votre mémoire.

Voyager, c'est apprendre sur les autres et changer sa vision du monde.

Je remercie infiniment mes parents, sans qui je n'aurais eu l'opportunité, la chance, de partir à l'autre bout du monde.

Je remercie tout simplement ce voyage. Merci de m'avoir si bien aidée à grandir et permis de prendre en maturité, en m'ouvrant les yeux sur de nombreux aspects.

Merci Vancouver, et à bientôt peut-être, je l'espère.

Et maintenant ?

Je vous écris ce livre depuis ma chambre d'hôpital, comme quoi la guérison n'est pas un processus linéaire. Mais je vais mieux, jour après jour.

Comme dit Confucius : « La plus grande gloire n'est pas de ne jamais tomber, mais de se relever à chaque chute. »

Grâce à mes expériences, à mes petites victoires personnelles et mes échecs, mais aussi grâce au temps qui s'est écoulé entre ma première hospitalisation et maintenant, j'ai grandi, évolué. J'ai appris à prendre du recul, afin de mieux analyser la situation et de faire le point. Prendre de la distance face aux événements est indispensable pour avancer dans la vie et, dans mon cas, vers la guérison.

Progressivement, j'essaie d'apprendre à prendre de la hauteur, ce qui est plus difficile, mais indispensable, à mon avis. Acquérir cette posture permet de changer notre perception des événements, ainsi que notre manière de les appréhender. En effet, lorsqu'on prend de la hauteur, nous sommes à la fois l'acteur et l'observateur de la situation. En ce qui me concerne, lorsque je ne vais pas bien, il m'est important de faire cette gymnastique de l'esprit, afin de relativiser et, surtout, afin de garder espoir.

Aujourd'hui, je crois en la guérison, j'ai espoir d'aller véritablement mieux un jour. J'attends avec impatience ce jour où je pourrai dire : « J'en ai bavé, certes, mais j'en ressors tellement plus forte et bien armée pour affronter la vie, cette vie qui me faisait si peur auparavant. »

Malgré de nombreuses rechutes et des moments de doute, je suis à présent prête à me battre, encore et encore.

Le combat n'est pas terminé, mais je compte bien le gagner. Pour une vie plus calme, plus sereine.

La vie est belle, à moi d'en faire quelque chose de magnifique.

"*WHAT DOESN'T KILL YOU MAKES YOU STRONGER.*"

With love,

Anastasia. ♡

Lettres aux deux versants de la maladie qui m'ont détruite

Dans les pages qui vont suivre, j'adresse deux lettres ; l'une à l'anorexie, l'autre à la boulimie.

Je souhaite leur dire tout le mal qu'elles m'ont fait endurer et qu'elles ont fait subir à mon entourage par la même occasion.

Bien que je ne sois pas encore totalement guérie, je leur écris parce que, à présent, je ne veux plus de cette maladie. Il est malheureusement plus facile de signifier qu'on ne veut plus de quelque chose que de s'en débarrasser. D'autant plus que, dans cette maladie, bien que la volonté de guérir soit présente, il est tout de même très compliqué de s'en détacher.

Cependant, je demeure convaincue qu'avec énergie, efforts acharnés, lutte permanente, obstination, détermination, rage, ténacité et persévérance, j'y parviendrai.

On dit souvent que, dans la vie, il faut savoir ce que l'on veut, tout comme ce que l'on ne veut pas, ou plus. Après réflexion, je dis haut et fort : JE VEUX ME DÉBARRASSER DES TCA, JE N'EN VEUX PLUS.

Sur ce, bonne lecture ☺ !

Chère anorexie,

Toi, oui toi qui m'as tant causé de torts. Tu t'es servie de mes faiblesses, de mon hypersensibilité, de mon mal-être et de mon insécurité intérieure pour t'introduire dans ma vie. Tu t'es faite toute petite au début, si petite et insignifiante que je ne t'ai pas vue venir. Tu as eu le temps de t'infiltrer en moi, troublant mon esprit et mes pensées, lorsque je me sentais seule et déprimée. J'avais besoin de quelque chose, de quelqu'un pour me relever. J'ai alors, sans m'en rendre compte, pris ta main. Mais au lieu de me faire remonter à la surface, tu m'as enfoncée plus bas que terre. Et quand j'ai pris conscience de ton existence, il était trop tard, tu avais pris tant de place que je ne voyais rien d'autre que toi. J'étais obnubilée par ta voix, me dictant sans cesse tous ces ordres ; il n'y avait plus qu'elle dans ma tête. Je me suis accrochée à toi, car tu me promettais une vie plus saine, plus heureuse. Me sentant vide, j'avais besoin de croire en quelque chose pour le combler. J'ai pensé qu'en ayant un corps dans lequel je me plairais, je me sentirais mieux dans ma tête et j'aurais davantage confiance en moi. Je me suis bien trompée. Cela me fait penser à un célèbre dicton. Celui-ci dit : « un esprit sain dans un corps sain », et non l'inverse…

Parallèlement, je me sentais coupable des disputes au sein de ma famille. Je la voyais se déchirer en mille morceaux. J'ai alors voulu me faire le plus petite possible, ayant le souhait de devenir invisible. Maigrir de jour en jour avait pour moi la signification d'une mort lente et douloureuse. Car oui, à ce moment précis de ma vie, je ne voulais plus vivre. Puisque personne n'avait aperçu ma détresse, je n'avais plus foi en l'Homme, plus foi en rien. Je ne voulais pas qu'on m'aide, ou du moins, je n'en avais plus envie, c'était trop tard. Je souhaitais juste qu'on me laisse seule, qu'on m'abandonne, afin de pouvoir enfin mourir en paix, sans faire de mal à quiconque.

Paradoxalement, en tombant malade, je voulais au départ attirer l'attention de ma famille en particulier. En effet, j'avais l'impression de ne pas avoir ma place et le sentiment d'être mal-aimée. Je voulais qu'on s'occupe de moi, qu'on prenne soin de moi et qu'on se rende compte d'à quel point j'allais mal. J'avais besoin d'aide.

En me faisant hospitaliser, cela a comme concrétisé ma souffrance intérieure. Mes proches ont pris conscience de la détresse dans laquelle je me trouvais. C'est à ce moment-là que les bénéfices secondaires de la maladie sont apparus. Mon entourage s'est mis à s'intéresser davantage à moi, en prenant de mes nouvelles, en m'écrivant de belles lettres et en me signifiant son amour. Je me suis enfin sentie importante aux yeux des autres. Mais je me suis alors dit : « Et si je n'étais pas tombée malade, peut-être que personne ne se serait jamais intéressé à moi ? » C'est, en partie, pour cette raison qu'il m'a été si dur de me détacher de toi, car au-delà de tout le mal que tu m'as fait, rester malade impliquait des « avantages ».

Cependant, ces bénéfices furent de courte durée, car mes amis ainsi que certains membres de ma famille se sont vite lassés de la fille malade que je suis. Je me suis alors sentie abandonnée, encore plus seule que je ne l'étais auparavant. Et c'est là que la boulimie a pris ta place…

Je ne t'en veux pas, je ne m'en veux pas non plus. Je n'ai pas choisi de tomber malade, tout comme tu n'as pas décidé de me tomber dessus. Mais il y a une chose qu'il faut que tu saches, et dont je dois me persuader ; je ne veux plus de toi. C'est fini, l'orage est passé.

J'aspire à la joie, au bonheur et à la paix intérieure, choses que tu ne pourras jamais me procurer.

Mon état d'esprit actuel n'est plus compatible avec le tien.

Je te dis au revoir, et à jamais.

Chère boulimie,

Tu es toi aussi apparue lorsque je me sentais seule. J'étais en pleine dépression, au fond d'un gouffre où il faisait tout noir. Je me sentais vide, tu avais alors pour fonction de me remplir. Comme si la nourriture avait pu combler un jour ce vide intérieur, qui cachait en réalité une souffrance profonde. En effet, cela n'a jamais fonctionné ; au moment de la crise, je perdais le contrôle de moi-même, et comme endoctrinée, tu me disais de manger, manger, manger, jusqu'à ne plus pouvoir rien avaler tellement mon ventre était douloureux. Ensuite, la fameuse vague de culpabilité venait me submerger. Je me sentais coupable, telle une moins que rien. Tu m'ordonnais alors de me faire vomir, jusqu'à cracher du sang et ne plus pouvoir respirer. C'était une réelle torture, une torture quotidienne. À force de faire des crises de boulimie, j'en ai eu marre. J'ai tenté de mettre fin à ce supplice, mais le problème est que tu es devenue une réelle addiction, une drogue. Lorsque l'envie irrépressible de faire une crise survenait, elle était si forte que je ne pouvais résister. Et plus je cédais aux crises, plus je me sentais mal. Tu m'as fait me sentir comme une merde. Une vraie merde qui ne méritait pas d'être heureuse, ni même de vivre. Il n'y avait plus d'espoir dans mes yeux. J'étais condamnée à vivre au rythme des crises, qui me faisaient couler chaque fois un peu plus profondément. Démunie et pensant que ce cercle vicieux allait durer éternellement, j'ai voulu m'ôter la vie, à maintes reprises. À quoi cela sert de vivre quand on a constamment la tête dans la cuvette des toilettes ?

Tu es vicieuse, si vicieuse que je cède à chaque fois, afin de me prouver à moi-même à quel point je suis faible, à quel point mon existence est dépourvue de sens. Car oui, tu m'as fait me dire que ma vie n'avait aucun intérêt. Tu m'as rabaissée jusqu'à ne plus avoir aucune estime de ma personne. Tu m'as miné le moral, à ne plus pouvoir sortir de mon lit tellement j'étais envahie de honte, de tristesse. Tu m'as rendue froide et agressive avec ma famille, eux qui n'avaient rien demandé. Ils ont failli perdre leur fille, leur sœur, et ce plus d'une fois.

Tu m'as détruite, anéantie. Et c'est pour toutes ces raisons que je te déteste. Oui, je te hais.

Je ne veux plus de toi, je veux que tu sortes de ma vie, tu me mets dans un état pitoyable à chaque fois. Tu me donnes envie de mourir lorsque je cède à ton lavage de cerveau.

Le bras de fer entre toi et moi n'est pas terminé et j'espère un jour le gagner.

Je souhaite te mettre à terre pour toute la souffrance que tu as diffusée autour de moi. Car au-delà de me faire mal, c'est toute une famille qui en a subi les conséquences. Qu'est-ce que cela doit être horrible pour une mère de voir sa fille se détruire sous ses yeux !

Je ne suis pas encore prête à te pardonner, car tu es toujours présente. Le jour où tu seras sortie de ma vie, peut-être que j'y parviendrai. Mais pour l'instant, c'est encore trop tôt.

Je ne te demande qu'une chose : de partir, sans jamais faire marche arrière, ni même te retourner. Je n'ai plus besoin de toi pour m'apaiser.

Il faut que j'arrive à vivre sans toi.

Trop de larmes ont coulé.

Aux familles, amis d’une personne atteinte de TCA

Rappelons d’abord ce que sont les TCA.

Étant donné que je ne suis ni médecin ni psychologue, je préfère me fier à une définition que donnent ces derniers.

Un trouble du comportement alimentaire (TCA) correspond à une pratique alimentaire différente de celle de personnes situées dans le même environnement. Les principaux troubles du comportement alimentaire sont : l’anorexie, la boulimie et l’hyperphagie boulimique.

Ces troubles apparaissent souvent au moment de l’adolescence, lorsque le corps change.

Certains facteurs influencent les troubles du comportement alimentaire comme : l’hérédité – les parents, enfants, frères et sœurs d’une personne anorexique ont plus de chances de l’être également – ; des facteurs psychologiques – le perfectionnisme, la dépression, le manque d’estime de soi sont fréquents chez les personnes souffrant de troubles alimentaires – ; des facteurs socioculturels sont souvent évoqués, dans des milieux où l’apparence corporelle joue un rôle important (mannequins…).[1]

---

[1] Source : https://www.futura-sciences.com/sante/definitions/medecine-trouble-comportement-alimentaire-15534/

Le message que j'aimerais transmettre, c'est que vous ne pouvez malheureusement pas véritablement aider votre proche qui est atteint de ce trouble complexe. Vous pouvez simplement l'accompagner, le soutenir. Et j'insiste sur le soutien que vous pourriez lui apporter, car celui-ci est primordial. En étant malade, on se sent très souvent seul, différent des autres. Il faut lui rappeler que non, il/elle n'est pas seul(e) et que vous serez là pour lui/elle, quoi qu'il arrive. Par ailleurs, il faut lui dire que vous l'aimez pour la personne qu'il/elle est, et qu'avec ou sans maladie, cet amour reste le même, car sa maladie ne le/la définit pas.

Vous allez sans aucun doute vous sentir démuni face à votre proche qui refuse de manger, et/ou qui se fait vomir, et/ou qui perd tout contrôle lors de ses crises de boulimie. Mais ne le lâchez pas. Ne perdez pas patience.

Alors oui, ce sera long, certes. Cela sera aussi très dur moralement parlant, je vous l'accorde.

Je sais que c'est surtout éprouvant pour les parents de voir leur enfant se détruire un peu plus chaque jour. Patientez. C'est la meilleure chose à faire.

Si votre ami(e), votre fille ou votre fils se fait aider par des professionnels de la santé, un jour il/elle ira mieux.

Encore une fois, restez auprès de votre proche, cela durera le temps qu'il faudra.

Ayez confiance.

Et surtout, gardez espoir. La guérison est longue, mais elle est possible.

Aux personnes atteintes de TCA, message d'espoir

Vous avez, vous aussi, droit à mes quelques conseils. Je n'ai aucunement la prétention d'être en la capacité de véritablement vous aider, étant, je le rappelle, une simple lycéenne âgée de dix-huit ans à présent. Mais, étant touchée par cette maladie depuis maintenant presque cinq ans, je peux peut-être vous conseiller et surtout vous rassurer.

Tout d'abord, je sais à quel point cette maladie est dure à vivre, éprouvante, voire épuisante.

Parfois, on n'en voit plus la fin. On est persuadés qu'on demeurera malades jusqu'à la fin de nos jours, que c'est sans issue. Pourtant, je vous assure qu'il y a une lumière au bout du tunnel. Par moments, vous la croirez éteinte alors qu'en réalité, elle brille de mille feux. Il suffit de s'armer de patience et de garder espoir. Cette maladie nous enferme dans une cage, mais où la porte est ouverte. Comme me disait ma maman : « Sors de ta cage, il fait beau dehors. »

Les troubles du comportement alimentaire, que cela soit l'anorexie, la boulimie ou encore l'hyperphagie, sont des maladies longues. On ne guérit malheureusement pas d'un simple claquement de doigts. Cela serait trop beau pour être vrai. C'est un combat de longue haleine. En effet, cela demande du temps et des efforts. C'est justement parce que le combat que vous menez est de longue durée et parsemé d'embûches que vous en ressortirez d'autant plus fort et enfin prêt à affronter la vie.

Alors, croyez en vous et en votre capacité à vaincre cette maladie.

Ce combat, c'est le vôtre. Il n'appartient qu'à vous.

N'hésitez pas à vous faire aider par un médecin, un psychiatre, un psychologue. N'attendez pas. Plus vite vous serez pris en charge, plus vite vous sortirez de cette maladie.

Si vous sentez que vous ne vous en sortez plus, faites-vous hospitaliser et, si vous le pouvez, dans une structure adaptée. Ne prenez pas la démarche de se faire hospitaliser comme une faiblesse ou un échec. Au contraire, vous avez décidé de vous prendre en main et de vous faire aider. Vous êtes sur la bonne voie. Je me souviens d'une citation accrochée au mur de ma chambre au début de ma première hospitalisation. Elle disait : « Le soin, c'est grandir. Grandir, c'est accepter d'être fragile par moments. Grandir, c'est accepter de se faire aider à temps. »

Par ailleurs, si l'hospitalisation s'impose à vous, que vous n'en avez pas eu le choix, prenez-la comme une chance, profitez-en. Elle vous sera sûrement bénéfique.

Soyez courageux.

Un jour, tout ça sera loin derrière vous, et ce jour-là, vous pourrez être fier de vous.

Le meilleur est à venir.

Remerciements

Tout d'abord, je tiens à remercier ma famille et, en premier lieu, mes parents. Ils n'ont jamais cessé de me soutenir malgré tout ce que je leur ai fait subir et endurer. Je les remercie pour leur ouverture d'esprit et leur capacité à comprendre cette maladie si complexe.

Merci Maman d'avoir toujours été là pour moi, en m'épaulant, me conseillant et en venant me tenir compagnie à l'hôpital pendant des journées entières, ainsi qu'à la clinique, pour me redonner l'envie de vivre, en me disant des mots doux remplis d'espoir.

Merci Papa pour tes appels téléphoniques quotidiens, pour tes mots apaisants et rassurants.

Papa, Maman, un simple merci ne sera jamais à la hauteur de tout ce que vous avez fait pour moi, je vous en serai éternellement redevable.

Merci à mes deux frères pour votre soutien, par la pensée majoritairement ; je sais que je vous ai fait vivre des années très difficiles et j'en suis profondément désolée.

Merci à ma mamie Blue que j'aime inconditionnellement et qui a toujours su me réconforter, par son intelligence et sa maturité, qui découlent de sa vaste culture personnelle et de ses multiples expériences, dont je suis admirative.

Je souhaite également remercier ma tante adorée, qui prend sans cesse de mes nouvelles et avec qui je peux me confier. Un grand merci à toi Iphi, ainsi qu'à tes deux magnifiques filles, sur qui je sais pouvoir compter. En effet, j'envoie mille mercis à ma Loulou, pour sa capacité à trouver les mots qui me permettent d'aller de l'avant. Merci à ma petite Axelle (qui me dépasse maintenant) pour sa joie de vivre et sa simplicité.

Je souhaite également remercier tous mes amis. Pour un grand nombre d'entre eux, et d'entre elles plus spécifiquement ; la maladie nous a fortement éloignés, mais je souhaite remercier toutes mes amies qui ont été plus que présentes durant ma première hospitalisation. Merci de m'avoir redonné le sourire lorsque la maladie me rongeait de l'intérieur. Vous avez été d'une grande aide. Je tiens tout particulièrement à remercier Héloïse, Constance, Mathilde et Alix, pour qui la maladie n'a pas été une entrave à notre amitié. J'espère garder contact avec vous le plus longtemps possible, car je tiens énormément à vous.

En ce qui concerne les patientes de la clinique, durant mes multiples hospitalisations, certaines d'entre elles sont devenues de réelles amies. En effet, j'ai fait des rencontres incroyables « grâce à cette maladie » qui nous lie. Océane, Inès, Ève, Alexandra, Marine, Sarah, Maël, Barbara, Julie et Alexa ; je vous remercie du fond du cœur.

J'ai, par ailleurs, une pensée pour une jeune fille pétillante au sourire rayonnant, qui est cependant partie trop tôt. Justine, on ne t'oubliera jamais, et à nous toutes, nous allons nous battre davantage contre cette maladie qui t'a enlevé la vie. Je vais vaincre les TCA, en hommage à la belle personne que tu étais. Promis.

Ensuite, je ne remercierai jamais assez ma psychologue et ma diététicienne, qui me suivent en ambulatoire depuis des années. Pareillement pour mon psychiatre et ma psychologue, qui me suivent tous deux à la clinique depuis le début de ma thérapie. Sans ces personnes, je ne serais jamais devenue la jeune adulte que je suis à présent. Sans oublier les infirmiers, infirmières et aides-soignantes qui ont croisé mon chemin. Ces personnes ont joué un rôle non négligeable dans mes soins au sein de la clinique. MERCI, MERCI et encore MERCI à vous tous, vous m'avez sauvé la vie, il n'y a pas d'autres mots pour signifier à quel point votre aide m'a été cruciale. Si aujourd'hui je suis enfin heureuse, c'est grâce à vous.

Et enfin, je souhaite remercier la vie. Elle ne m'a pas toujours fait d'offrandes, elle a même pu être amère avec moi, mais qu'est-ce que je tiens à elle ! Je lui dis merci pour toutes les nouvelles chances qu'elle m'a offertes, pour toutes les belles personnes qu'elle a déposées sur mon chemin, et pour la magnifique famille qu'elle m'a attribuée. Au risque de me répéter, la vie est bien trop précieuse pour souhaiter se l'ôter. La roue tourne, aujourd'hui c'est vous qui souffrez, demain ce sera ceux qui vous ont fait du mal qui souffriront. Je crois foncièrement au karma ; votre vie dépendra de vos actes antérieurs, alors soyez la meilleure version de vous-même.

Cet ouvrage a été composé par Edilivre

194 avenue du Président Wilson – 93200 Saint-Denis
Tél. : 01 41 62 14 40 – Fax : 01 41 62 14 50
Mail : client@edilivre.com

www.edilivre.com

Tous nos livres sont imprimés
dans les règles environnementales les plus strictes

ISBN papier : 978-2-414-46626-9
ISBN pdf : 978-2-414-46625-2
ISBN epub : 978-2-414-46624-5
Dépôt légal : août 2020

Imprimé en France, 2020